my sisters
k͟háharám

dúst,
baráye zendegí

Pronunciation Guide©

Persian	English	Pronunciation
اَ	a	**a**nt
آ	á	**a**rm
ب	b	**b**at
د	d	**d**og
اِ	e	**e**nd
ف	f	**f**un
گ	g	**g**o
ه	h	**h**at
ح	h	**h**at
ی	í	m**ee**t
ج	j	**j**et
ک	k	**k**ey
ل	l	**l**ove
م	m	**m**e
ن	n	**n**ap
اُ	o	**o**n
پ	p	**p**at
ق	q/gh*	me**r**ci
ر	r	**r**un
س	s	**s**un
ص	s	**s**un
ث	s	**s**un

Persian	English	Pronunciation
ت	t	**t**op
ط	t	**t**op
و	ú	m**oo**n
و	v	**v**an
ی	y	**y**es
ذ	z	**z**oo
ز	z	**z**oo
ض	z	**z**oo
ظ	z	**z**oo
چ	**ch**	**ch**air
غ	**gh***	me**r**ci
خ	**kh***	ba**ch**
ش	**sh**	**sh**are
ژ	**zh**	plea**s**ure
ع	'	uh-oh†

- * : guttural sound from back of throat
- † : glottal stop, breathing pause
- ّ : Indicates a double letter
- ً : Indicates the letter n sound
- لا : Indicates combination of letter l & á (lá)
- ای : Indicates the long í sound (ee in m**ee**t)
- اِی : Indicates the long í sound (ee in m**ee**t)
- (...) : Indicates colloquial use

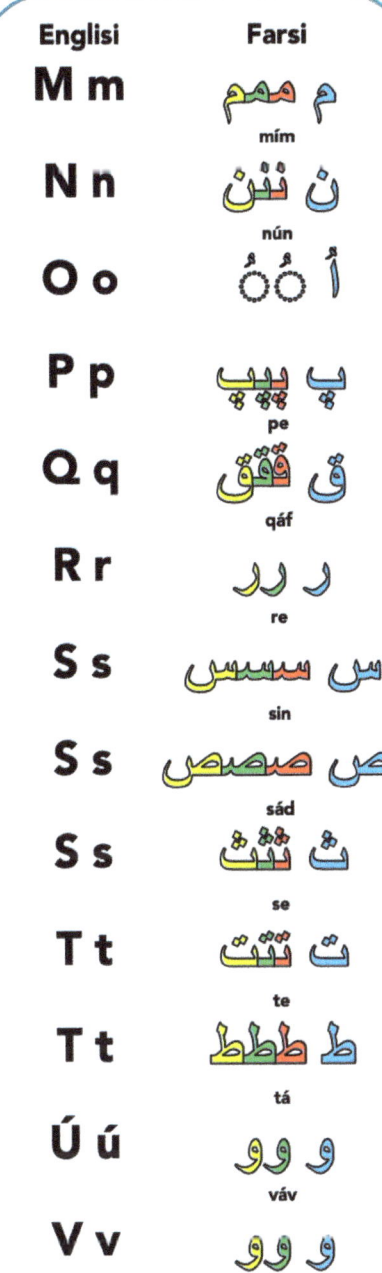
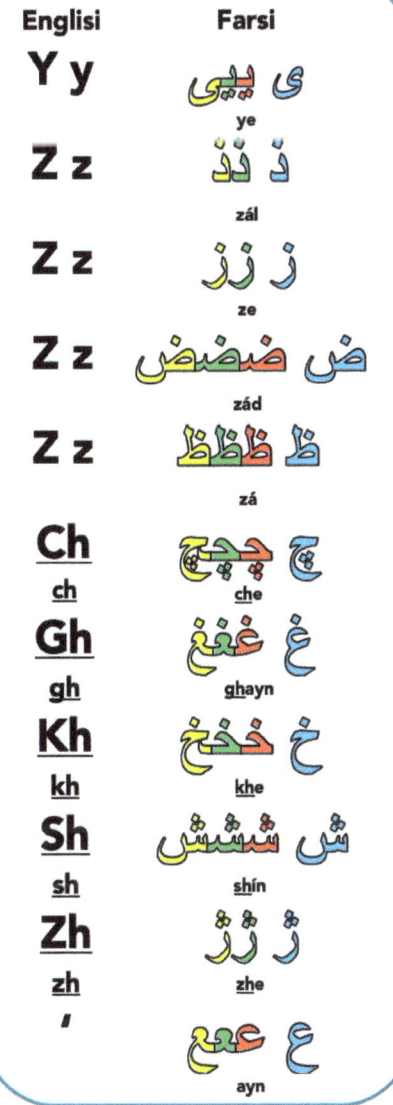

Letter Guide©

The Persian A, B, D's
(because there is no C in Persian)

We want to simplify your Persian learning journey as it is such a unique & enigmatic language. There are 32 official Persian letters. The letters change form depending on their position in a word or when they appear separate from other letters. For example, the letter <u>gh</u>ayn غ has four ways of being written depending on where it appears in any given word:

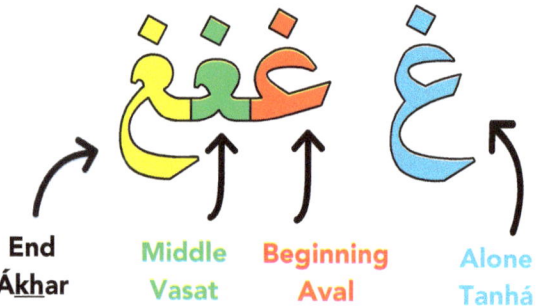

End | **Middle** | **Beginning** | **Alone**
Á<u>kh</u>ar | Vasat | Aval | Tanhá

It is important to note that Persian books are read from right to left (←). There are 7 separate/stand-alone letters that do not connect in the same way to adjacent letters (these will not be depicted in red). They are:

Stand alone
Tanhá vámístan

The short vowels a, e & o are usually omitted in literature and are depicted by markings above & below letters (ُ َ). They are not allocated a letter name, unlike their long vowel counterparts á: alef, í: ye & ú: váv (و ی آ).

ant

múrcheh

مورچِه

ú: as (oo) in m<u>oo</u>n

bee

zanbúr

زَنبور

ú: as (oo) in m<u>oo</u>n

mosquito

pasheh
پَشِه

fly

magas
مَگَّس

cricket

jírjírak

جیرجیرَک

í: as (ee) in m<u>ee</u>t

ladybird

kafs̲h̲dúzak
کَفشدوزَک

ú: as (oo) in m<u>oo</u>n

dragonfly

sanjáqak
سَنجاقَک

á: as (a) in arm

butterfly

parváneh

پَروانِه

á: as (a) in arm

spider

a'nkabút

عَنگَبوت

ú: as (oo) in m<u>oo</u>n

grasshopper

malakh
مَلَخ

Caterpillar

[silk worm : kerme abrísham : کِرمِ آبریشَم]

kerme sadpá

کِرمِ صَدپا

á: as (a) in arm

centipede

hezárpá

هِزارپا

á: as (a) in arm

earth worm

kerme khákí

کِرمِ خاکی

á: as (a) in <u>a</u>rm
í: as (ee) in m<u>ee</u>t

lizard

mármúlak

مارمولَک

á: as (a) in arm
ú: as (oo) in moon

scorpion

a'qrab
عَقرَب

snail

halazún

حَلَزون

ú: as (oo) in m<u>oo</u>n

cockroach

sùsk

سوسک

ú: as (oo) in m<u>oo</u>n

bat

khofásh
خُفاش

á: as (a) in arm